詩集

私のパンセ

大川隆法
Ryuho Okawa

総合商社勤務時代、
東京・赤坂《あかさか》の本社ビル前にて。

入社２年目に、研修生として１年間、ニューヨーク本社に派遣《はけん》されたときの写真。ニューヨーク・マンハッタンにて。帰国後、東京本社を経《へ》て名古屋《なごや》支社勤務となる。本書の詩篇《しへん》は名古屋時代の1984年から1985年に書かれたもの。

降魔成道館《ごうまじょうどうかん》（愛知県名古屋市《なごや》）

名古屋支社勤務時代の寮《りょう》は当時の面影《おもかげ》を残しつつ改修され、2003年に「名古屋記念館」として落慶《らっけい》。心のなかで悪《あく》魔《ま》と霊的《れいてき》対決をし、勝利を収めた地であることから、2020年12月には「降魔成道館」と改称し、公開されている。

六畳一間《ろくじょうひとま》の居室《きょしつ》で、霊言《れいげん》の編集等が行われた。

館内には、降魔成道館在住期間に霊言収録が行われた霊人の名前が掲示されている。

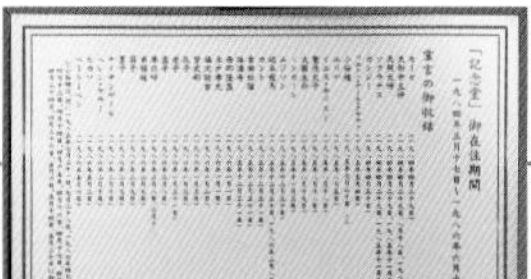

【収録された主な霊言】モーセ／天照大神《あまてらすおおみかみ》／ソクラテス／ガンジー／リエント・アール・クラウド／小桜姫《こざくらひめ》／エリヤ／イエス・キリスト／聖徳太子《しょうとくたいし》／大《おお》国主命《くにぬしのみこと》／リンカーン／エジソン／坂本龍馬《さかもとりょうま》／カント／吉田松陰《よしだしょういん》／西郷隆盛《さいごうたかもり》／福沢諭吉《ふくざわゆきち》／紫式部《むらさきしきぶ》／孔子《こうし》／老子《ろうし》／孟子《もうし》／弟橘媛《おとたちばなひめ》／墨子《ぼくし》／ヘレン・ケラー／ピカソ／ベートーベン　ほか

まえがき

詩集『レフトオーバー』や詩集『青春《せいしゅん》の卵《たまご》』の詩稿《しこう》が出て来た今年の冬、同時に見つかったのが、本書、詩集『私のパンセ』である。青春詩集『愛のあとさき』に未収録のもののうち、本来の詩に近いものを『レフトオーバー』に、『愛のあとさき』の第二部の宗教的詩篇集《しへんしゅう》に近いものが、『私のパンセ』に収められている。

本書には、チラチラと普通の詩らしきものも含《ふく》まれているが、大部分は、天上界からインスピレーションを得て書かれた、宗教家的教えの断片集《だんぺんしゅう》である。

後《のち》に『心《こころ》の指針《ししん》』として、月刊『幸福の科学』の巻頭言《かんとうげん》に詩篇《しへん》として書き続けられているものの短かめの練習作でもある。

宗教家として立つ、一～二年前の心の修行《しゅぎょう》の様子がよく描《えが》かれているので、「悟りの原点」が、そこここに見つけられるだろう。

二〇二一年　三月七日

幸福《こうふく》の科学《かがく》グループ創始者兼総裁《そうししゃけんそうさい》　大川隆法《おおかわりゅうほう》

詩集《ししゅう》 私《わたし》のパンセ

目次

詩集《ししゅう》　私《わたし》のパンセ（1984・8・4〜1985・7・7）

特別追加（2021・3・6）

詩集《ししゅう》 私《わたし》のパンセ

1984.8.4 ～ 1985.7.7

永《と》遠《わ》の戦《せん》士《し》

1984・8・4

永遠《とわ》の愛《あい》のために
永遠《とわ》の夢《ゆめ》のために
永遠《とわ》の生命《いのち》のために
戦《たたか》う
われら永遠《とわ》の戦士《せんし》よ

母《はは》なる神《かみ》

私《わたし》の神《かみ》は母《はは》なる神《かみ》
おどしたり
怒《おこ》ったり
罰《ばっ》したり
鞭打《むちう》ったり
洪水《こうずい》を起《お》こしたり

1984・8・5

人類《じんるい》を永遠《えいえん》の火《ひ》に投《な》げ入《い》れるような
そんな父《ちち》なる神《かみ》ではない

私《わたし》の神《かみ》は母《はは》なる神《かみ》
すべてを赦《ゆる》し
すべてを生《い》かし
すべてを愛《あい》する
ほとばしる乳《ちち》と
豊《ゆた》かな胸《むね》をもった
なつかしい

母《はは》なる神《かみ》だ

疲《つか》れた日《ひ》には

1984・8・12

疲《つか》れた日《ひ》には
書物《しょもつ》も
音楽《おんがく》も
私《わたし》の慰《なぐさ》めにはならない

疲《つか》れた日《ひ》には

ボンヤリと天井《てんじょう》を眺《なが》めて
ゴロリと寝《ね》ころびながら
詩《し》の一節《いっせつ》でも暗《そら》んじている方《ほう》がいい

私《わたし》は愛《あい》について考《かんが》えすぎた
私《わたし》は存在《そんざい》について考《かんが》えすぎた
哲学者《てつがくしゃ》サルトルが
ある時《とき》嘔吐《おうと》して
存在《そんざい》とはただそこにあること！
と悟《さと》ったふりをして

思念《しねん》を放棄《ほうき》したように
愛《あい》などない
あるのはただ
人《ひと》と人《ひと》との善《よ》きコミュニケーション！
と悟《さと》ったふりをして
実践家《じっせんか》に転《てん》じたならば
健康《けんこう》な青年《せいねん》の日《ひ》の私《わたし》に
立戻《たちもど》ってもゆけるだろうに

疲《つか》れた日《ひ》には

詩《し》でも書《か》いている方《ほう》がいい
思想《しそう》は余《あま》りにも孤独《こどく》だ
私《わたし》が極北《きょくほく》までたどりついて
そこに真紅《しんく》の旗《はた》を打《う》ちたてても
ああ
雪《ゆき》に埋《う》もれたその旗《はた》を
誰《だれ》が一体《いったい》探《さが》しあててくれるのだろうか

愛《あい》の時《とき》

時《とき》は愛《あい》
人《ひと》は愛《あい》
夢《ゆめ》は愛《あい》

限《かぎ》りなき
愛《あい》の時《とき》を

1984・10・7

はぐくむ

結局《けっきょく》のところ

1984・10・14

結局《けっきょく》のところ
おまえの信念《しんねん》ではないのか
悩《なや》みという名《な》の
暗黒《あんこく》を突《つ》き破《やぶ》って
宏大《こうだい》な
輝《かがや》ける草原《そうげん》へと

おまえ自身《じしん》を
導《みちび》いてゆくものは

我《われ》はひとときの

１９８５・１・12

我《われ》はひとときの愛《あい》
我《われ》はひとときの風《かぜ》
我《われ》はひとときの神《かみ》の雫《しずく》

与《あた》える

存在《そんざい》を与《あた》えよ
人格《じんかく》を与《あた》えよ
それが与《あた》えるということの
真実《しんじつ》の意味《いみ》だ

1985・1・13

人格《じんかく》

悪魔《あくま》さえもが
おまえを懐《なつ》かしく思《おも》うような
香《かぐ》わしき
人格《じんかく》となれ

1985・1・13

迷《まよ》い

迷《まよ》いの時《とき》は
静《しず》かなれ
流《なが》れ去《さ》るあぶくに
心《こころ》曳《ひ》かれるな
渦《うず》の中心《ちゅうしん》にこそ
動《うご》かざる平安《へいあん》がある

1985・1・13

荒野《あらの》の試《こころ》み

荒野《あらの》の試《こころ》みには
心静《こころしず》かに耐《た》えよ
光明《こうみょう》の日《ひ》は
すぐそこまできている

1985・1・13

結《けっ》婚《こん》

どんな人《ひと》が
自分《じぶん》に合《あ》うかではなく
どんな人《ひと》でも
幸《しあわ》せにできる
自分《じぶん》というものを
創《つく》り出《だ》すことだ

1985・1・13

二《ふた》つの幸福《こうふく》

1985・1・13

定義《ていぎ》一、認識《にんしき》の幸福《こうふく》

ここには、幸福《こうふく》に生《い》きようとする自分《じぶん》がある
これは得《え》ようとする幸福《こうふく》だ
百《ひゃく》パーセント・マイナス・アルファー
イコール　あなたの幸福《こうふく》だ

アルファーばかりを見《み》つめると
不足《ふそく》のある自分《じぶん》しか見《み》えてこない

定義《ていぎ》二、 存在《そんざい》の幸福《こうふく》

ここには、 幸福《こうふく》に生《い》かされている自分《じぶん》がある
これは与《あた》えんとする幸福《こうふく》だ
ゼロ・パーセント・プラス・アルファー
イコール　あなたの幸福《こうふく》だ
アルファーを見《み》つめると

よくなるしかない自分《じぶん》が見《み》えてくる

肉片《にくへん》にあらず

我《われ》は　ひときれの　肉片《にくへん》にあらず

1985・1・13

幸福《こうふく》

心中《しんちゅう》に明日《あす》ある者《もの》は幸福《こうふく》なり
と
だれかが言《い》った
けれども思《おも》え
たとい明日《あす》という日《ひ》がなくとも
今日《きょう》という一日《いちにち》が与《あた》えられたということ

1985・1・13

それは
あなたが幸福《こうふく》であったということだ

蜜柑《みかん》

1985・1・24

親指《おやゆび》の爪《つめ》を立《た》てて
蜜柑《みかん》をザックリと
割《わ》る
後悔《こうかい》の香《かお》りが
ほのかにも立《た》ち昇《のぼ》る

遠《とお》い日《ひ》の
高校生《こうこうせい》の日《ひ》の私《わたし》に
汽車《きしゃ》の中《なか》で
半分《はんぶん》に割《わ》った蜜柑《みかん》を
手渡《てわた》そうとした老婆《ろうば》——
その手《て》が
あまりにうす汚《よご》れていたのか
半分《はんぶん》だけをくれるというのが
気《き》に入《い》らなかったのか

「要《い》りません」と
つぶやいたきり
うつむいてしまった私《わたし》——

「蜜柑《みかん》を嫌《きら》いな子《こ》なんているもんかね。」
—と老婆《ろうば》はポツリと言《い》ったっきり
引《ひ》っ込《こ》みがつかなくなった蜜柑《みかん》を
窓《まど》べりにおいた

十七歳《じゅうななさい》の私《わたし》と

ザックリと口《くち》をあけた蜜柑《みかん》が
紅《あか》い夕陽《ゆうひ》に染《そ》まって――揺《ゆ》れ続《つづ》けていた
四国路《しこくじ》の山間《やまあい》の汽車《きしゃ》の中《なか》

かたくなな心《こころ》を
かたくななままに
十年後《じゅうねんご》の私《わたし》が
今度《こんど》はわが家《や》で蜜柑《みかん》をザックリと割《わ》って
やはり窓《まど》べりにころがしてみるのだ
あの時《とき》のように

半分《はんぶん》欠《か》けたままの姿《すがた》で――

お好《この》み焼《やき》

お好《この》み焼《やき》は
あったかくっていいね
今日《きょう》はお見合《みあ》いという日《ひ》
お好《この》み焼《やき》を一枚《いちまい》きり
腹《はら》ごしらえに食《た》べてみるのだ

1985・1・26

鉄板《てっぱん》の上《うえ》で
かつおぶしが
ちりちりと踊《おど》っている
お婆《ばあ》ちゃんの
ゴワゴワの手《て》が
青《あお》のりをふりかけてくれる

立《た》ち昇《のぼ》るソースのにおい
お好《この》み焼《やき》に

小《ちい》さな夢《ゆめ》が隠《かく》されていないか
そうろりと
割《わり》ばしで二《ふた》つに割《わ》ってみた

独《ひと》りっきりの夕《ゆう》べ

1985・1・26

独《ひと》りっきりの夕《ゆう》べは
金星《きんせい》が懐《なつ》かしい
心底誰《しんそこだれ》からも
愛《あい》されなかった人《ひと》は
心底《しんそこ》ただひとりの人《ひと》を

愛《あい》したことも
なかったのではないか――

プリンセス通《どお》りを
透明《とうめい》な風《かぜ》が吹《ふ》き抜《ぬ》ける
コートのえりを立《た》てて
私《わたし》はまた
身《み》を守《まも》ろうとするのだ
冬《ふゆ》の日《ひ》の
都会《とかい》の中《なか》の

淋《さみ》しい人《ひと》たちの群《む》れの中《なか》から――

三大誓願《さんだいせいがん》

一、我《わ》れ日本改革《にほんかいかく》の旗手《きしゅ》とならん

二、我《わ》れ世界《せかい》の幸福《こうふく》の源泉《げんせん》とならん

三、我《わ》れ真理《しんり》の伝道者《でんどうしゃ》とならん

1985・1・27

二月《にがつ》の雨《あめ》

1985・2・9

二月《にがつ》の雨《あめ》はつめたい
ぐっしょりと濡《ぬ》れた靴下《くつした》を脱《ぬ》いで
かじかんだ足《あし》の指《ゆび》の上《うえ》に
新《あたら》しい靴下《くつした》をかぶせてゆく
暖《あたた》かさが両足《りょうあし》にひろがってゆく
母《はは》のような

神《かみ》のような
あ
た
た
か
さ
！

愛《あい》と知《ち》

1985・2・10

冷《つめ》たい人間《にんげん》に
なってしまったのではないか
俺《おれ》は！
青春《せいしゅん》の一番大切《いちばんたいせつ》な十年《じゅうねん》を
三千冊《さんぜんさつ》の本《ほん》を読《よ》んで暮《く》らした

俺《おれ》の本箱《ほんばこ》は
俺《おれ》の青春《せいしゅん》の死骸《しがい》の山《やま》
ほらそこに
切《き》り倒《たお》された俺《おれ》の恋《こい》が埋《うず》もれている

フランシス・ベーコンよ
「知《ち》は力《ちから》なり」という
おまえの言葉《ことば》を
一度《いちど》たりとて疑《うたが》ったことはない

ああ
けれどもおまえは
「愛《あい》は知《ち》にまさる」という
オスカー・ワイルドの言葉《ことば》を
知《し》りえなかったろう

本《ほん》の山《やま》が
俺《おれ》の青春《せいしゅん》——
そこここに

輝《かがや》くような
明《あか》るい愛《あい》も
ありえたであろうに！

☆（著者注《ちょしゃちゅう》）フランシス・ベーコン…中世《ちゅうせい》ヨーロッパの哲学者《てつがくしゃ》。英国経験論哲学《えいこくけいけんろんてつがく》の創始者《そうししゃ》であり、「知《ち》は力《ちから》なり」という言葉《ことば》が有名《ゆうめい》。『随筆集《ずいひつしゅう》』やユートピア論《ろん》としての『ニュー・アトランティス』等《とう》を書《か》いた。
☆（著者注《ちょしゃちゅう》）オスカー・ワイルド…十九世紀《じゅうきゅうせいき》の英国《えいこく》（アイルランド）の詩人《しじん》・作家《さっか》。童話《どうわ》『幸福《こうふく》の王子《おうじ》』や小説《しょうせつ》『ドリアン・グレイの肖像《しょうぞう》』、戯曲《ぎきょく》「サロメ」等《とう》を書《か》き、唯美主義文学《ゆいびしゅぎぶんがく》の代表的作家《だいひょうてきさっか》の一人《ひとり》と言《い》われる。

恋《こい》

1985・2・10

いつもいつも
誰《だれ》かを
恋《こい》せずには
いられなかった

花《はな》びらのように降《ふ》る

神《かみ》の暖《あたた》かい愛《あい》を
この手《て》のひらに
受《う》けとめるまでは

恋《こい》よりも

1985・2・10

恋《こい》よりも
学問《がくもん》を選《えら》んだ男《おとこ》に
二月《にがつ》の夕風《ゆうかぜ》は
まだ
肌寒《はだざむ》い

誰《だ》れをも愛《あい》さずに

誰《だ》れをも愛《あい》さずに
淋《さみ》しがるよりは
誰《だ》れかを愛《あい》して
苦《くる》しんでいる方《ほう》がいい

1985・2・10

失《うし》なうものがない

１９８５・２・10

何《なに》も失《うし》なうものが
ないということ——
それもまた
幸福《こうふく》の一《ひと》つのあり方《かた》
ではないか

エリヤ序曲《じょきょく》

1985・2・10

エリヤよエリヤ
夜《よ》は明《あ》けぬ
エリヤよエリヤ
夜《よ》は明《あ》けぬ

暁鳥《あかつきどり》の鳴《な》く処《ところ》

夜《よる》の沈黙《しじま》は破《やぶ》られて
陽《ひ》はゆるやかに昇《のぼ》りくる

エリヤよエリヤ
汝《な》が泣《な》けば
エリヤよエリヤ
我《われ》も泣《な》く
エリヤよエリヤ
汝《な》が泣《な》けば
エリヤよエリヤ

神《かみ》も泣《な》く

エリヤよ汝《なんじ》は神《かみ》の人《ひと》
エリヤよ汝《なんじ》は夢《ゆめ》の人《ひと》

エリヤよエリヤ
再《ふたた》びに
エリヤよエリヤ
汝《な》が生《う》まれ
エリヤよエリヤ

再《ふたた》びに
神《かみ》の御国《みくに》は近《ちか》づけり

エリヤよ汝《なんじ》は義《ただ》しき人《ひと》
エリヤよ汝《なんじ》は輝《かがや》く人《ひと》

エリヤよ汝《なんじ》が再《ふたた》びに
この世《よ》の国《くに》を照《て》らすとき
闇《やみ》を光《ひかり》が照《て》らすごと
エリヤよエリヤ

夜《よ》は明《あ》けぬ
エリヤよエリヤ
夜《よ》は明《あ》けぬ

☆（著者注《ちょしゃちゅう》）エリヤ…約二千八百年前《やくにせんはっぴゃくねんまえ》、中東《ちゅうとう》のカルメル山上《さんじょう》で五百人近《ごひゃくにんちか》いバール信仰《しんこう》の神官《しんかん》たちと法力合戦《ほうりきかっせん》をした。バールの祭壇《さいだん》には火《ひ》は降《ふ》らなかったが、エリヤが祈《いの》るとヤハウェの祭壇《さいだん》には、天《てん》から火《ひ》が降《ふ》って、積《つ》み上《あ》げた薪《まき》が燃《も》え上《あ》がった。後世《こうせい》の日蓮《にちれん》の祈雨《きう》の法力合戦《ほうりきかっせん》を思《おも》わせる。

マホメットの月夜《つきよ》

1985・2・10

砂丘《さきゅう》には長《なが》い影《かげ》が伸《の》び
マホメットの隊商《たいしょう》は
月夜《つきよ》を静《しず》かにゆくのであった

ラクダの背中《せなか》に乗《の》って
マホメットは

半月《はんげつ》を見上《みあ》げてつぶやくのだった
アラーの神《かみ》は
私《わたし》をお選《えら》びになった
この砂漠《さばく》の地《ち》に
神《かみ》の言葉《ことば》を
夜明《よあ》けの霜《しも》のように
きらきらと輝《かがや》かせなさいと
ラクダがブルンといななないて

マホメットは
また
身《み》を包《つつ》むマントを
しっかりと
引《ひ》き寄《よ》せるのだった

☆(著者注《ちょしゃちゅう》)マホメット…ムハンマドともいう。イスラム教《きょう》の開祖《かいそ》。二《に》十五歳頃《じゅうごさいごろ》行《い》き倒《だお》れているところを隊商《たいしょう》に助《たす》けられ、四十歳頃《よんじっさいごろ》ヒラーの洞窟《どうくつ》で神《かみ》の声《こえ》を聞《き》くまでは、交易商《こうえきしょう》をやっていたと思《おも》われる。

インドの王子《おうじ》

インドに王子《おうじ》が居《お》りました
王子《おうじ》は妻子《さいし》を捨《す》ててさえ
道《みち》を求《もと》めて幾歳月《いくさいげつ》
やがてその身《み》もやせ細《ほそ》り
死《し》ぬるばかりとなりました

1985・2・10

王子《おうじ》はピパラの木《き》のもとで
星空《ほしぞら》見上《みあ》げ吐息《といき》して
いくら修行《しゅぎょう》を重《かさ》ねても
ついに悟《さと》れぬこの身《み》なら
このまま天《てん》に帰命《きみょう》して
この身《み》を捨《す》てんと思《おも》いました

けれどもその時大音声《ときだいおんじょう》
おまえは死《し》ぬことあいならぬ
仏《ほとけ》の道《みち》を悟《さと》り切《き》り

衆生《しゅじょう》を済度《さいど》するまでは
決《けっ》して天《てん》には帰《かえ》らせぬ

ああその声《こえ》はその声《こえ》は
懐《なつ》かし愛《いと》しその声《こえ》は
アモンの声《こえ》ではあるまいか

王子《おうじ》はその時目《ときめ》を開《ひら》き
あふるる熱意《ねつい》を胸《むね》に秘《ひ》め
自《みずか》ら死《し》なんと思《おも》わずとも

いずれ世《よ》を去《さ》るこの身《み》なら
一年《いちねん》、二年《にねん》の生命《いのち》でも
世《よ》の人々《ひとびと》に捧《ささ》げんと
強《つよ》く激《はげ》しく願《ねが》いました

ああ、その時《とき》より三千年《さんぜんねん》
王子《おうじ》よ王子《おうじ》
インドの王子《おうじ》
おまえは何《なに》を修行《しゅぎょう》して
おまえは何《なに》を願《ねが》いおる——

おまえは何《なに》を夢《ゆめ》みおる――

☆（著者注《ちょしゃちゅう》）アモン…アトランティス時代末期《じだいまっき》の国王《こくおう》にして宗教指導者《しゅうきょうしどうしゃ》
アガシャー大王《だいおう》の幼名《ようめい》かと思《おも》う。
☆（著者注《ちょしゃちゅう》）三千年《さんぜんねん》…正確《せいかく》には二千六百年《にせんろっぴゃくねん》～二千五百年《にせんごひゃくねん》。インドの王子《おうじ》
とは、釈尊《しゃくそん》の降魔成道時《ごうまじょうどうじ》、出家《しゅっけ》後約六年後《ごやくろくねんご》の姿《すがた》をさす。

エメラルドの神話《しんわ》

1985・2・10

天《てん》の国《くに》の小《ちい》さな川《かわ》に
天使《てんし》が涙《なみだ》を
こぼしたら
ああ
それはエメラルドとなった

そのエメラルドは
愛《あい》のエメラルド
それをもつ人《ひと》に
愛《あい》の女神《めがみ》が微笑《ほほえ》みかける

それを知《し》ってか
天《てん》の国《くに》の
町中《まちじゅう》の人《ひと》たちが
小《ちい》さな川《かわ》にはいっては
エメラルドを探《さが》したが

どんなにもぐって探《さが》しても
エメラルドは
見《み》えるけれどもさわれない
涙《なみだ》をこぼした天使《てんし》にも
どうしてなのかわからない

その時《とき》　神《かみ》の仔羊《こひつじ》が
メェー　メェーと
高《たか》くいなないて

川《かわ》の向《む》こうに昼寝《ひるね》する
仲間《なかま》に愛《あい》をささやいた

するとすると
あら不思議《ふしぎ》
小《ち》さな川《かわ》は干上《ひあ》がって
乾《かわ》いた砂地《すなち》のその上《うえ》に
深紅《しんく》の愛《あい》のエメラルドが
涙《なみだ》のように光《ひか》ってた

エンゼルの恋《こい》

1985・2・11

ある日《ひ》リンゴの木《き》の下《した》で
エンゼルが一人《ひとり》泣《な》いていた
そこにたまたま神様《かみさま》が
散歩《さんぽ》の途中《とちゅう》で声《こえ》かけた

これこれエンゼル何故《なにゆえ》に

そんなに悲《かな》しんでおるのかい
泣《な》きはらした目《め》でエンゼルは
神様《かみさま》とも知《し》らず言《い》いました
ご親切《しんせつ》にも有難《ありがと》う
私《わたし》は恋《こい》をしています
けれども相手《あいて》は人間《にんげん》で
ちっとも私《わたし》の恋《こい》なんか
気《き》づいてなんかくれません

親切《しんせつ》な旅《たび》の御仁《ごじん》よ有難《ありがと》う
けれど私《わたし》のこの恋《こい》の
病《やまい》をいやしはできません

そこで神様困《かみさまこま》り果《は》て
やさしい言葉《ことば》をかけました

これこれエンゼル、天国《てんごく》で
悲《かな》しんでいてはいけません
ほらほらリンゴの木《き》をごらん

白《しろ》いきれいな花《はな》が咲《さ》く
やがては花《はな》も実《み》を結《むす》び
赤《あか》いリンゴとなるのです
ですから花《はな》は花《はな》として
すばらしいなと思《おも》うこと
いつかはリンゴの実《み》となるが
花《はな》を責《せ》めてはいけません
実《み》がみのるには時《とき》がある
あなたの恋《こい》にも時《とき》がある
悲《かな》しみばかりを見《み》つめては

私《わたし》の心《こころ》にかなわない
あなたを愛《あい》している人《ひと》は
この天国《てんごく》に幾万人《いくまんにん》
愛《あい》されたいことに気《き》をとられ
愛《あい》されてることを忘《わす》れるな

そのときエンゼル振《ふ》り返《かえ》り
神様《かみさま》の姿《すがた》を見《み》ては驚《おどろ》いた
ああその人《ひと》こそ
その人《ひと》こそ

彼《かれ》が恋《こい》している人《ひと》の
真《しん》の姿《すがた》でありました
人間《にんげん》の女性《じょせい》と思《おも》いしは見《み》まちがい
彼《かれ》が恋《こい》して焦《こ》がれたのは
あふるるばかりの美《うつく》しさ
神《かみ》の姿《すがた》でありました

どじょうの王様《おうさま》

1985・2・11

今日《きょう》はとってもいい日和《ひより》
柳《やなぎ》の下《した》の水《みず》ぬるみ
お堀《ほり》のふちは
チャブチャブと
金波《きんぱ》銀波《ぎんぱ》をつくります

さてさてどじょうの王様《おうさま》も
どうやら昼寝《ひるね》にあきたのか
ヒゲをしきりにしごいては
目《め》をぱっちりとあけました

どれどれ朕《ちん》の春《はる》じゃわい
お堀《ほり》を一《ひと》つ巡回《じゅんかい》じゃ
王様《おうさま》どじょうはゆっくりと
みこしをあげて泳《およ》ぎます

そこにはらはら柳《やなぎ》の葉《は》
水面《みなも》に幾重《いくえ》もの輪《わ》をつくります
ところが王様大驚天《おうさまだいきょうてん》
あれまあ枯葉《かれは》が落《お》ちるとは
まだまだ季節《きせつ》は秋《あき》じゃわい

やっぱりもとの石垣《いしがき》の
穴《あな》に逃《に》げこみ
ひとしきり
愚痴《ぐち》をもらして一寝入《ひとねい》り

グーグーグーと一寝入《ひとねい》り

☆（著者注《ちょしゃちゅう》）朕《ちん》…帝王《ていおう》、天皇《てんのう》が自分《じぶん》をさして言《い》った語《ご》。

子《こ》鹿《じか》の歌《うた》

1985・2・11

黄《き》色《いろ》い秋《あき》が去《さ》った時《とき》
子《こ》鹿《じか》は冬《ふゆ》とごあいさつ
冬《ふゆ》さん
冬《ふゆ》さん
あなたとは
初《はじ》めて

初《はじ》めて
会《あ》いました

冬《ふゆ》さん
冬《ふゆ》さん
ご立派《りっぱ》な
白《しろ》いオーバー着《き》てますね

子鹿《こじか》は
ピョンピョン

はねまわり
つぶやくように歌《うた》います

冬《ふゆ》さん
冬《ふゆ》さん
わたくしは
春《はる》に生《う》まれた子鹿《こじか》です

冬《ふゆ》さん
冬《ふゆ》さん

わたくしは
白《しろ》い雪《ゆき》にはは勝《か》てません
その時《とき》
冬《ふゆ》はいかめしく
子鹿《こじか》に向《む》かって言《い》いました
子鹿《こじか》よ子鹿《こじか》
何《なに》ゆえに
そんなに愉《ゆ》快《かい》に

歌《うた》うのか
おまえが愉《ゆ》快《かい》に
歌《うた》ったら
木《き》々《ぎ》は木《き》の芽《め》をもたげ出《だ》し
鳥《とり》はせわしく飛《と》びはじめ
黒《くろ》い土《つち》にはふきのとう
おやおや
土《ど》手《て》にはつくしんぼう

けれども子《こ》鹿《じか》は

ピョンピョンと
はねまわったり歌《うた》ったり

冬《ふゆ》さん
冬《ふゆ》さん
明日《あした》には
わたしのいとこの牝鹿《めすじか》が
となりの森《もり》へとお嫁入《よめい》り
そして
明後日来《あさってき》たならば

コケコッコーのおばさんが
立派《りっぱ》な卵《たまご》を生《う》むんです

子鹿《こじか》は歌《うた》をやめなくて
冬《ふゆ》おじさんのその回《まわ》り
ピョンピョンピョンピョンと
はねてます

冬《ふゆ》もつられて
歌《うた》いだし

踊《おど》りだしたらさあ大変《たいへん》
白《しろ》いオーバー脱《ぬ》ぎすてて
カッポレカッポレ
やりだした
そしたら顔《かお》は上気《じょうき》して
酒飲《さけの》んだように赤《あか》くなり
やがて雪《ゆき》さえ溶《と》け始《はじ》め
山一面《やまいちめん》に春《はる》が来《き》た

春《はる》の陽気《ようき》のように

1985・2・11

憎《にく》んでいた人《ひと》は
もういない
恨《うら》んでいた人《ひと》も
もういない
嫌《きら》っていた人《ひと》も
もういない

みんな仲間《なかま》だ
春《はる》の陽気《ようき》のように
ポカポカと
ポカポカと
地球《ちきゅう》を暖《あたた》めあおう
だって
みんな仲間《なかま》なんだから

やはり春《はる》しかない

1985・2・11

冬《ふゆ》はもう
「お」
「し」
「ま」
「い」

季節《きせつ》は春《はる》
やはり
春《はる》しか
——ない
ではないか

二月《にがつ》の風《かぜ》と語《かた》ろう

1985・2・11

二月《にがつ》の風《かぜ》と語《かた》ろう
まだ肌寒《はだざむ》いが
春《はる》の陽気《ようき》を含《ふく》んだ
この二月《にがつ》の風《かぜ》と語《かた》ろう

新《あたら》しい友《とも》だちが

どこからともなく
私《わたし》を訪《たず》ねてきそうな——きぶん!?

はにかんだ
タンポポの明《あか》るい声《こえ》を
どこかに隠《かく》している
この二《に》月《がつ》の風《かぜ》と語《かた》ろう

春告《はるつ》げ鳥《どり》

1985・2・11

東《ひがし》の空《そら》が
クレパス色《いろ》に青《あお》い
春告《はるつ》げ鳥《どり》の声《こえ》が
どこからともなく
聞《き》こえてきそうな

予《よ》感《かん》!

花壇《かだん》

愚《おろ》かな人《ひと》は
愚《おろ》かなままでいい
賢《かしこ》い人《ひと》は
賢《かしこ》いままでいい

1985・2・11

郵便はがき

料金受取人払郵便

赤坂局
承認

9654

差出有効期間
2023年3月
9日まで
(切手不要)

1 0 7 - 8 7 9 0

112

東京都港区赤坂2丁目10−8
幸福の科学出版(株)
愛読者アンケート係 行

ご購読ありがとうございました。お手数ですが、今回ご購読いただいた書籍名をご記入ください。

書籍名

フリガナ お名前	男・女	歳
ご住所 〒 都道府県		
お電話( ) −		
ご職業 ①会社員 ②会社役員 ③経営者 ④公務員 ⑤教員・研究者 ⑥自営業 ⑦主婦 ⑧学生 ⑨パート・アルバイト ⑩他( )		
弊社の新刊案内メールなどをお送りしてもよろしいですか? (はい・いいえ)		
e-mail アドレス		

愛読者プレゼント☆アンケート

購読ありがとうございました。
後の参考とさせていただきますので、下記の質問にお答えください。
選で幸福の科学出版の書籍・雑誌をプレゼント致します。
表は発送をもってかえさせていただきます)

1 本書をどのようにお知りになりましたか?

① 新聞広告を見て [新聞名：]
② ネット広告を見て [ウェブサイト名：]
③ 書店で見て ④ ネット書店で見て ⑤ 幸福の科学出版のウェブサイト
⑥ 人に勧められて ⑦ 幸福の科学の小冊子 ⑧ 月刊「ザ・リバティ」
⑨ 月刊「アー・ユー・ハッピー?」 ⑩ ラジオ番組「天使のモーニングコール」
⑪ その他 ( )

2 本書をお読みになったご感想をお書きください。

3 今後読みたいテーマなどがありましたら、お書きください。

ご感想を匿名にて広告等に掲載させていただくことがございます。ご記入いただきました個人情報については、同意なく他の目的で使用することはございません。

ご協力ありがとうございました!

他人《たにん》の花壇《かだん》に
ケチをつけるのはよそう
自分《じぶん》は自分《じぶん》の花壇《かだん》に
すばらしい草花《くさばな》を咲《さ》かせたら
それでよいではないか

やがて人生《じんせい》は

1985・2・11

何《なに》も難《むずか》しく
考《かんが》えることは
ないのだ

あなたはあなたの
やりたいことを

やってさえいれば
やがて人生《じんせい》は
開《ひら》けてゆくのだ

幸福《こうふく》とは

1985・2・17

聞《き》け！
魂《たましい》の扉《とびら》の開《ひら》く音《おと》がする

聞《き》け！
バリバリと
バリバリと

魂《たましい》が大《おお》きく
背伸《せの》びをする音《おと》がする

そして知《し》れ！
幸福《こうふく》とは
魂《たましい》がのびのびと
のびのびと
手足《てあし》を伸《の》ばして
少《すこ》しも屈託《くったく》のないことで
あることを！

私《わたし》は信《しん》ずる

1985・2・17

私《わたし》は信《しん》ずる
生《い》きているとは
考《かんが》える力《ちから》があるということ
生《い》きているとは
知《し》る力《ちから》があるということ
生《い》きているとは

愛《あい》する力《ちから》があるということ

アランへ

1985・2・17

悲《かな》しみは病気《びょうき》であると
よくぞ言《い》った

私《わたし》たちは
肉体《にくたい》の不調《ふちょう》を
時《とき》に精神《せいしん》の悩《なや》みと誤解《ごかい》するのだ

☆（著者注《ちょしゃちゅう》）アラン…十九《じゅうきゅう》〜二十世紀《にじっせいき》のフランスの哲学者《てつがくしゃ》。九十三篇《きゅうじゅうさんぺん》の断章《だんしょう》からなる『幸福論《こうふくろん》』は、ヒルティ、ラッセルの幸福論《こうふくろん》とともに世界三大幸福論《せかいさんだいこうふくろん》の一《ひと》つとして有名《ゆうめい》。

この道《みち》よりほかに

1985・2・17

振《ふ》り返《かえ》ってみると
この道《みち》よりほかに
私《わたし》の歩《あゆ》む道《みち》は
なかったと
思《おも》われる

新《あたら》しき目覚《めざ》め

1985・2・17

目覚《めざ》めの朝《あさ》
それは聖《せい》なるひととき
夜雨《やう》は過《す》ぎ去《さ》り
裸《はだか》の公孫樹《いちょう》が
両手《りょうて》を大《おお》きく広《ひろ》げて
青空《あおぞら》に向《む》かって祈《いの》る

私《わたし》はひとしれず
枯葉《かれは》をていねいにふみしめながら
過《す》ぎ去《さ》ったメロディーを捜《さが》すように
いくつかの想《おも》い出《で》の糸《いと》を
たぐりよせる

予告《よこく》

1985・2・17

それは静《しず》かなる予告《よこく》
神々《かみがみ》が
午睡《ごすい》の人々《ひとびと》に

幸《しあわ》せの訪《おとず》れをつげる
ああ
教会《きょうかい》の鐘《かね》の音《ね》では
決《けっ》してない

☆(著者注《ちょしゃちゅう》)午睡《ごすい》…ひるね。

運《うん》命《めい》

それを信《しん》ずる者《もの》と
それを信《しん》じない者《もの》とを乗《の》せて
小《ちい》さな笹舟《ささぶね》が

1985・2・17

神《かみ》の御手《みて》で
川《かわ》に流《なが》された

小説《しょうせつ》が再《ふたた》び読《よ》めるまでに

1985・2・17

小説《しょうせつ》が再《ふたた》び読《よ》めるまでに
私《わたし》の心《こころ》は若《わか》がえってきた
だって
木《き》々《ぎ》は芽《め》ぐみ
風《かぜ》はあたたかくなり
ポエムのような春《はる》が

ほら
珈琲豆《コーヒーまめ》のにおいのする
あの街角《まちかど》まで
駆《か》け寄《よ》ってきているもの

空《そら》

晴《は》れているのが本当《ほんとう》か
曇《くも》っているのが本当《ほんとう》か
知《し》っているのは
風《かぜ》？
それとも
あなたの心《こころ》？

1985・2・17

春《はる》までは

春《はる》までは
眠《ねむ》っていようと思《おも》う

1985・2・18

東《とう》京《きょう》

その都《と》会《かい》に
あなたはかつて
住《す》んでいたことがあるのだ
新橋《しんばし》の辺《へん》の国電《こくでん》のざわめきや
お茶《ちゃ》の水橋《みずばし》に佇《たたず》んだ時《とき》の
春《はる》の水《みず》の波紋《はもん》や

1985・2・24

渋谷《しぶや》で
いまも哀《かな》しげにすわっている
忠犬《ちゅうけん》ハチ公《こう》の姿《すがた》や
………

春《はる》の宵《よい》

あなたはやがて
懐《なつ》かしく思《おも》うことだろう
薄《うす》く暮《く》れていく春《はる》の宵《よい》に
甘酢《あまず》っぱい梅《うめ》の花《はな》の香《かお》りが
漂《ただよ》っていたことを

1985・2・24

使徒《しと》

1985・2・24

雪《ゆき》の日《ひ》の朝《あさ》
道《みち》の雪《ゆき》を掻《か》く人《ひと》のように
人々《ひとびと》の心《こころ》の重《おも》みを
取《と》り除《のぞ》くことを
一生《いっしょう》の仕事《しごと》としたならば
あなたの人生《じんせい》には

誤《あやま》りはない
そして
自《みずか》らのみよりよく生《い》きようとする
人間《にんげん》の苦《くる》しさ――挫折《ざせつ》
というものも
あなたの人生《じんせい》には
ありえない
ものとなろう

挫折《ざせつ》

1985・3・10

自分《じぶん》のためだけに
生《い》きる人生《じんせい》に
挫折《ざせつ》がありえても
ひとのために生《い》きる
人生《じんせい》には
永遠《えいえん》に挫折《ざせつ》などありえない

自己信頼《じこしんらい》

夏《なつ》の雲《くも》が
悠々《ゆうゆう》と青空《あおぞら》に浮《う》かんでいるように
悠々《ゆうゆう》と
悠々《ゆうゆう》とした
自己信頼《じこしんらい》を持《も》て

1985・3・10

やさしさの極限《きょくげん》にあるもの

1985・3・19

ぼくは
やさしさの極限《きょくげん》にあるものを
視《み》た

それは
まばゆいばかりに輝《かがや》いている

白い光<ruby>しろ</ruby>だった

白い光<ruby>ひかり</ruby>だった

ぼくは捨《す》てよう

ぼくは捨《す》てよう
この身《み》も
この心《こころ》も
この魂《たましい》も
ぼくにいのちを与《あた》えてくれた
両親《りょうしん》のために

1985・3・19

ぼくに愛《あい》を教《おし》えてくれた
恋人《こいびと》たちのために
ぼくを育《はぐく》んでくれた
やさしい人《ひと》たちのために

知《ち》

1985・3・24

知《ち》は
他人《たにん》の目《め》を
意識《いしき》しない時《とき》に
本物《ほんもの》の光《ひかり》を
発《はっ》する

情《じょう》欲《よく》

情欲《じょうよく》は
その行為《こうい》自体《じたい》が悪《あく》であると
いうよりも
心《こころ》をかき乱《みだ》すがゆえに
悪《あく》である

1985・3・24

心《こころ》は常《つね》に平安《へいあん》を求《もと》めており
平安《へいあん》自体《じたい》が一《ひと》つの幸福《こうふく》を
意味《いみ》する
従《したが》ってこの平安《へいあん》をかき乱《みだ》す
情欲《じょうよく》は
やはり悪《あく》である

悪《あく》霊《れい》

私《わたし》を苦《くる》しめる
悪霊《あくれい》も
魂《たましい》の反面教師《はんめんきょうし》としては
意味《いみ》がある

彼《かれ》らが私《わたし》を苦《くる》しめるという

1985・3・24

事実《じじつ》そのものが
私《わたし》が不完全《ふかんぜん》であること
私《わたし》が神《かみ》のそば近《ちか》くにいないということ
徳《とく》の力《ちから》を借《か》りて
全《まった》き人格《じんかく》の完成《かんせい》を目指《めざ》して
日々《ひび》歩《あゆ》まねばならぬ
ということを
教《おし》えてくれる

☆（著者注《ちょしゃちゅう》）悪霊《あくれい》…キリスト教《きょう》や、神道系《しんとうけい》の一部《いちぶ》は「あくれい」と読《よ》む。仏教《ぶっきょう》や他《た》の宗教《しゅうきょう》は「あくりょう」と読《よ》むことが多《おお》い。幸福《こうふく》の科学《かがく》では、単《たん》なる不成仏霊《ふじょうぶつれい》を「あくれい」、邪悪性《じゃあくせい》の強《つよ》い、呪《のろ》いを含《ふく》んでいる地獄《じごく》霊《れい》を「あくりょう」と読《よ》んで区別《くべつ》している。

求《もと》めているもの

1985・3・24

動《うご》いて
動《うご》かざるもの
変《か》わって
変《か》わらざるものの中《なか》に
おまえの
求《もと》めているものがある

羽《は》根《ね》

人間《にんげん》に
羽根《はね》がないということ
それが
人間《にんげん》をこの地上《ちじょう》に
執着《しゅうちゃく》させる理由《りゆう》だ

1985・3・24

石《いし》の上《うえ》にも三年《さんねん》

行為《こうい》する
ことのみが尊《とうと》いのではない
石《いし》の上《うえ》にも三年《さんねん》
ということの
真実《しんじつ》の意味《いみ》を知《し》れ

1985・3・24

アパアト

私《わたし》の体《からだ》は
アパアトではないのです
悲《かな》しみや苦《くる》しみが
はいりこむのは
よして下《くだ》さい

1985・4・27

独《どく》身《しん》

1985・4・29

独身《どくしん》でいること自体《じたい》は
すばらしいことである
彼《かれ》は思想家《しそうか》となるであろう
独身《どくしん》であることの難点《なんてん》はただ一《ひと》つ

世間《せけん》から彼《かれ》に欠点《けってん》があるのではないかと
思《おも》われるかもしれないと
彼《かれ》が危惧《きぐ》する点《てん》である

☆(著者注《ちょしゃちゅう》)危惧《きぐ》…悪《わる》い結果《けっか》になりはしないかと心配《しんぱい》し、おそれること。

過《あやま》ち

わたしの生涯《しょうがい》の
ただ一《ひと》つの過《あやま》ちは
愛《あい》すべきでない人《ひと》を愛《あい》し
愛《あい》すべき人《ひと》を愛《あい》さなかったこと

1985・4・29

お願《ねが》い

神様《かみさま》
もう一《ひと》つだけ
お願《ねが》いがございます

どうか
恋人《こいびと》の姿《すがた》をとって

1985・4・29

私《わたし》の前《まえ》に
もう一度《いちど》だけ
現《あら》われて下《くだ》さい

つつじ

1985・4・29

紅《あか》いつつじ
白《しろ》いつつじ
ピンクのつつじ

あふれ出《で》るような
若葉《わかば》緑《みどり》の中《なか》

つつじの精《せい》が
山高帽《やまたかぼう》を被《かぶ》って
ニッコリ
草笛《くさぶえ》を吹《ふ》いている

昼下《ひるさ》がりの
一筋《ひとすじ》の白《しろ》い道《みち》——

いつかは私《わたし》も

1985・4・29

いつかは私《わたし》も
帰《かえ》ってゆくのだろう
中原中也《なかはらちゅうや》や
立原道造《たちはらみちぞう》の
帰《かえ》っていった世界《せかい》に

天《てん》の村《むら》には
たくさんの私《わたし》の友《とも》だちがいて
宗教家《しゅうきょうか》や
思想家《しそうか》が多《おお》いのだけれど
私《わたし》が愉《たの》しみにしているのは
詩人《しじん》たちとの語《かた》らいだ

この世《よ》の世界《せかい》は
はかなくも消《き》えてゆく
けれど

いかに美《うつく》しく
この世《よ》を観《み》たかということが
詩人《しじん》たちとの
愉《たの》しい語《かた》らいの夕《ゆう》べと
なるにちがいない

1985・7・7

あなた

いつも
そぼ降《ふ》る雨《あめ》の中《なか》を
歩《ある》いてきたような
私《わたし》の人生《じんせい》でした

ただ

あなたにお逢《あ》いした
その日《ひ》だけが
紫陽花《あじさい》色《いろ》に輝《かがや》いていました
あなたの大《おお》きな手《て》の中《なか》に
落書《らくが》きばかりしていた
私《わたし》でした

人間《にんげん》は偉大《いだい》なことを為《な》すために

1985・7・7

諸君《しょくん》よ
人間《にんげん》は偉大《いだい》なことを為《な》すために
生《う》まれてきたのである
もっともっと
偉《い》大《だい》なことを為《な》すために
生《う》まれてきたのである

諸君《しょくん》は
あの氾濫《はんらん》する川《かわ》の力《ちから》を知《し》っていよう
諸君《しょくん》は
あの全《すべ》てのものを地上《ちじょう》より吸《す》い上《あ》げる
あの竜巻《たつまき》の驚異《きょうい》の力《ちから》を知《し》っていよう
諸君《しょくん》は
あの大海原《おおうなばら》に
怒涛《どとう》のように押《お》し上《あ》げる
大波《おおなみ》の威力《いりょく》を知《し》っていよう

けれど諸君《しょくん》よ
諸君《しょくん》はそれらのものを併《あわ》せたよりか
一層《いっそう》偉大《いだい》なる人間《にんげん》ではないか
宇宙《うちゅう》の神秘《しんぴ》を内《うち》に秘《ひ》めた
偉大《いだい》なる人間《にんげん》ではないか
あの天《あま》の川《がわ》を創《つく》った
偉大《いだい》なる叡智《えいち》と一体《いったい》のものではないか

ならば諸君《しょくん》

つまらない誘惑《ゆうわく》に負《ま》けるな
少々《しょうしょう》のつまずきに負《ま》けるな
人《ひと》の中傷《ちゅうしょう》や嫉妬《しっと》や
心《こころ》ない言葉《ことば》の前《まえ》にくじけるな
たとい
諸君《しょくん》の今日一日《きょういちにち》の人生《じんせい》が
朝《あさ》から土砂降《どしゃぶ》りであったとしても
ほら夕暮《ゆうぐれ》には
美《うつく》しい七色《なないろ》の虹《にじ》が
向《む》こうの丘《おか》に輝《かがや》いているではないか

諸君《しょくん》よ
人間《にんげん》は太古《たいこ》より
偉大《いだい》なることを為《な》すために
生《う》まれてきたのである

諸君《しょくん》は
ソクラテスのように
後世《こうせい》の人々《ひとびと》を導《みちび》きたくはないのか

諸君《しょくん》は
レオナルド・ダ・ビンチのように
偉大《いだい》なる芸術《げいじゅつ》の華《はな》を
開《ひら》かせたくはないのか

諸君《しょくん》はあの
ヘンリー・フォードのように
偉大《いだい》なる産業《さんぎょう》をこの地上《ちじょう》に
ムクムクと興《おこ》したくはないのか

諸君《しょくん》よ
もっともっと
信《しん》じなさい
あなたが「人間《にんげん》である」
そのこと自体《じたい》に秘《ひ》められた
偉大《いだい》なる可能性《かのうせい》を
偉大《いだい》なる力《ちから》を

諸君《しょくん》よ
あらゆる困難《こんなん》を乗《の》り越《こ》えて

突《つ》き進《すす》みなさい
あらゆる迷妄《めいもう》を打《う》ち破《やぶ》って
新《あたら》しき光《ひかり》の塔《とう》を建《た》てなさい

たといどんなに苦《くる》しくとも
諸君《しょくん》よ
あなたがたには三人《さんにん》の友《とも》がいる
「自信《じしん》」
「勇気《ゆうき》」
「希望《きぼう》」

という
三人《さんにん》の友《とも》がいる

この三人《さんにん》を友《とも》として
諸君《しょくん》よ
もっともっと偉大《いだい》なことを
もっともっともっと偉大《いだい》なことを
為《な》し遂《と》げてゆきなさい

特別追加

2021.3.6

私《わたし》のパンセ

2021・3・6

君《きみ》は今《いま》
何《なに》を焦《あせ》っているのか
焦《あせ》ったところで
急《きゅう》には道《みち》は進《すす》めない

人生《じんせい》は長《なが》い

とてつもなく長《なが》い
走《はし》ってばかりいることも
休《やす》んでばかりいることも
どちらもゆるされはしないのだ

君《きみ》は孤独《こどく》か
ただ一人往《ひとりゆ》くのは淋《さみ》しいか
蜂《はち》が孤独《こどく》な暗闇《くらやみ》の中《なか》で
蜂蜜《はちみつ》をつくるように
君《きみ》も孤独《こどく》の中《なか》で

智慧《ちえ》を紡《つむ》ぐしかないのだ

君《きみ》よ
生《い》き急《いそ》ぐことなかれ
君自身《きみじしん》が何者《なにもの》であるかを
知《し》るには時間《じかん》がかかる
多《おお》くの人々《ひとびと》がそれを知《し》った時《とき》
君自身《きみじしん》もそれを悟《さと》る

ただ一日一日《いちにちいちにち》

一歩《いっぽ》を進《すす》めよ
期待《きたい》しなくとも
黄金《おうごん》の秋《あき》と
その収穫《しゅうかく》の日《ひ》はやってくる

その日《ひ》は突然《とつぜん》にやってくるが
やるべきことをやり続《つづ》けている人《ひと》には
平安《へいあん》な心《こころ》しか宿《やど》らないのだ

☆釈尊霊支援《しゃくそんれいしえん》

☆釈尊《しゃくそん》が二十代《にじゅうだい》の若《わか》き総裁《そうさい》にあてて「君《きみ》」と呼《よ》んではいるが、ある意味《いみ》で全《すべ》ての人々《ひとびと》にもあてはまるだろう。自己確立《じこかくりつ》や自己実現《じこじつげん》に焦《あせ》っていても、長《なが》い人生《じんせい》を見渡《みわた》してみる心《こころ》を持《も》つことが大事《だいじ》だ。（大川《おおかわ》）

あとがき

私にとっては、ある意味で最も苦しかった時期に書かれた詩篇《しへん》である。

『私のパンセ』の中には書かれていないが、名古屋での「降魔成道《ごうまじょうどう》」も経験していた頃である。

実社会で働きながら、こうした瞑想《めいそう》の断片集《だんぺんしゅう》を書き続けることで、「宗教家」としての本来の自己を見失わないように、つなぎとめていた、というのが実態《じったい》である。

この後《のち》、一九八六年七月七日に、東京本社で辞表を出し、七月十五日に「出家《しゅっけ》」することになる。それまでの期間、「私のパンセ」が書かれていない期間がある。一九八五年の七月末に最初の霊言集『日蓮聖人《にちれんしょうにん》の霊言《れいげん》』が出されてから、二カ月に一冊のペースで、『空《くう》海《かい》の霊言』、『キリストの霊言』『天照大神《あまてらすおおみかみ》の霊言』『ソクラテスの霊言』と会社勤《づと》めしつつ出版していたのである。

記念すべき年に出版できる運びとなり、とてもうれしい。

二〇二一年　三月七日

幸福《こうふく》の科学《かがく》グループ創始者兼総裁《そうししゃけんそうさい》　大川隆法《おおかわりゅうほう》

『詩集 私のパンセ』関連書籍

『青春詩集 愛のあとさき』（大川隆法 著　宗教法人幸福の科学刊）

『詩集 Leftover ―青春のなごり―』（同右）

『詩集 青春の卵』（同右）

※書店では取り扱っておりません。最寄りの精舎・支部・拠点までお問い合わせください。

詩集《ししゅう》 私《わたし》のパンセ

2021年 4 月22日　初版第 1 刷

著　者　　大《おお》　川《かわ》　隆《りゅう》　法《ほう》

発行所　　幸福の科学出版株式会社

〒107-0052 東京都港区赤坂 2 丁目 10 番 8 号
TEL(03)5573-7700
https://www.irhpress.co.jp/

印刷・製本　株式会社 研文社

落丁・乱丁本はおとりかえいたします

ISBN978-4-8233-0262-6 C0092
カバー iamlukyeee / Shutterstock.com
装丁・イラスト・写真（上記・パブリックドメインを除く）© 幸福の科学

大川隆法ベストセラーズ・心を癒やす珠玉の詩篇

「心の指針 Selection」シリーズ

現代に生きる人々に「人生の意味」や「悩み解決のヒント」を伝える詩篇《しへん》。心を癒《い》やし、人生を導く光の言葉をテーマ別に取りまとめたシリーズ。

1

未来を開く鍵

2

病よ治れ

3

人生は一冊の問題集

4

信仰心と希望

5

心から愛していると…

6

自己信頼

各 1,100 円

CD 子守唄

—『青春詩集 愛のあとさき』楽曲シリーズ—

作詞・作曲 大川隆法

歌 日比野景
編曲 大川咲也加・岩﨑光生

『青春詩集 愛のあとさき』楽曲シリーズ第1弾。現代のストレス社会を生きるすべての方にお勧めの一曲。

El Cantare 大川隆法 Original Songs

詳細はコチラ

発売 幸福の科学出版　1,100 円

※表示価格は税込10%です。

大川隆法ベストセラーズ・文学・芸術の光と闇

仏法真理が拓く
芸能新時代

エンターテインメントに愛と正義を

流行るものは「善」なのか？ スターになる人の資質とは？ 仏法真理を指針とし、天国的な芸能・芸術を目指すための一冊。

1,650円

文豪たちの明暗

**太宰治、芥川龍之介、
坂口安吾、川端康成の霊言**

日本を代表する４人の作家たちの死後の行方とは？「光の芸術」と「闇の芸術」の違い、作品の価値観が天国と地獄のどちらに属するかを見抜くための入門書。

1,540円

大川咲也加の文学のすすめ
～日本文学編～

大川咲也加　著

大川隆法著作シリーズの「視点」から、「日本文学」の魅力を再発見！ 心をうるおす、他にはない「文学入門」。名作41作品のあらすじ付き。

1,540円

大川咲也加の文学のすすめ
～世界文学編～（上・中・下）

大川咲也加　著

文学のなかには「人生の真実」がある──。トルストイ、ドストエフスキー、シェークスピア、ジッド、ディケンズ、羅《ら》貫中《かんちゅう》などの作品を紹介。初公開の「新霊言」も収録。

各1,540円

大川隆法 霊言シリーズ・世界の文豪・思想家に訊く

オスカー・ワイルドの霊言

ほんとうの愛とLGBT問題

英語霊言 日本語訳付き

真の愛、真の美とは何か──。世界でLGBTの新しい波が広がるなか、イギリス世紀末文学の代表的作家が、死後119年目の本心を語る。

1,540円

トルストイ──人生に贈る言葉

ロシアが生んだ世界的文豪トルストイが、21世紀の日本人に贈る真の平和論、人生論。人類史をくつがえす衝撃の過去世も明らかに。

1,540円

ドストエフスキーの霊言

ロシアの大文豪に隠された魂の秘密

『罪と罰』で知られるロシアの文豪・ドストエフスキーが、その難解な作品に込めた真意を語る。個人や社会、国家をも変える文学の可能性とは。

1,540円

アランの語る幸福論

人間には幸福になる「義務」がある──。人間の幸福を、精神性だけではなく科学的観点からも説き明かしたアランが、現代人に幸せの秘訣を語る。

1,650円

※表示価格は税込10%です。

大川隆法ベストセラーズ・大川隆法の実像に迫る

私の人生論

「平凡からの出発」の精神

「努力に勝る天才なしの精神」「信用の獲得法」など、著者の実践に裏打ちされた珠玉の「人生哲学」が明かされる。人生を長く輝かせ続ける秘密がここに。

1,760円

大川隆法 思想の源流

ハンナ・アレントと「自由の創設」

ハンナ・アレントが提唱した「自由の創設」とは？「大川隆法の政治哲学の源流」が、ここに明かされる。著者が東京大学在学時に執筆した論文を特別収録。

1,980円

新復活

医学の「常識」を超えた奇跡の力

最先端医療の医師たちを驚愕させた奇跡の実話。医学的には死んでいる状態から"復活"を遂げた、著者の「心の力」の秘密が明かされる。

1,760円

小説　夜明けを信じて。

大川隆法 原作　大川咲也加 著

すべてを捨て、ただ一人往く──。原作者をモデルとし、一人の青年が宗教家として、救世主として立つまでの心の軌跡を描く。映画の脚本執筆者・大川咲也加による書き下ろし小説。

1,430円

幸福の科学出版

大川隆法「法シリーズ」・**最新刊**

秘密の法

人生を変える新しい世界観

法シリーズ 27作目

あなたの常識を一新させ、世界がより美しく、喜びに満ちたものになるように──。降魔の方法や、神の神秘的な力、信仰の持つ奇跡のパワーを解き明かす。

第１章　宗教の秘密の世界
──この世とあの世の真実を解き明かす

第２章　霊障者の立ち直りについて
──ウィルス感染と憑依の秘密

第３章　ザ・リアル・エクソシストの条件
──悪魔祓いの霊的秘儀

第４章　降魔の本道
──世界を輝かせる法力とは

第５章　信仰からの創造
──人類の危機を乗り越える秘密

2,200円

幸福の科学の中心的な教え──「法シリーズ」

好評発売中！

正しき者よ、
戦え。
長編アニメーション映画
製作総指揮・原作 大川隆法
宇宙の法
エローヒム編
2021年秋 ROADSHOW

幸福の科学グループのご案内

宗教、教育、政治、出版などの活動を通じて、地球的ユートピアの実現を目指しています。

幸福の科学

一九八六年に立宗。信仰の対象は、地球系霊団の最高大霊、主エル・カンターレ。世界百四十カ国以上の国々に信者を持ち、全人類救済という尊い使命のもと、信者は、「愛」と「悟り」と「ユートピア建設」の教えの実践、伝道に励んでいます。

（二〇二一年四月現在）

愛

幸福の科学の「愛」とは、与える愛です。これは、仏教の慈悲《じひ》や布施《ふせ》の精神と同じことです。信者は、仏法真理をお伝えすることを通して、多くの方に幸福な人生を送っていただくための活動に励んでいます。

悟り

「悟り」とは、自らが仏の子であることを知るということです。教学《きょうがく》や精神統一によって心を磨き、智慧《ちえ》を得て悩みを解決すると共に、天使・菩薩《ぼさつ》の境地を目指し、より多くの人を救える力を身につけていきます。

ユートピア建設

私たち人間は、地上に理想世界を建設するという尊い使命を持って生まれてきています。社会の悪を押しとどめ、善を推し進めるために、信者はさまざまな活動に積極的に参加しています。

国内外の世界で貧困や災害、心の病で苦しんでいる人々に対しては、現地メンバーや支援団体と連携して、物心両面にわたり、あらゆる手段で手を差し伸べています。

年間約２万人の自殺者を減らすため、全国各地で街頭キャンペーンを展開しています。

公式サイト **www.withyou-hs.net**

自殺防止相談窓口

受付時間　火～土:10～18時（祝日を含む）

TEL **03-5573-7707**　メール **withyou-hs@happy-science.org**

ヘレン・ケラーを理想として活動する、ハンディキャップを持つ方とボランティアの会です。視聴覚障害者、肢体不自由な方々に仏法真理を学んでいただくための、さまざまなサポートをしています。

公式サイト **www.helen-hs.net**

入会のご案内

幸福の科学では、大川隆法総裁が説く仏法真理《ぶっぽうしんり》をもとに、「どうすれば幸福になれるのか、また、他の人を幸福にできるのか」を学び、実践しています。

入 会

仏法真理を学んでみたい方へ

大川隆法総裁の教えを信じ、学ぼうとする方なら、どなたでも入会できます。入会された方には、『入会版「正心法語《しょうしんほうご》」』が授与されます。

ネット入会　入会ご希望の方はネットからも入会できます。
happy-science.jp/joinus

三帰《さんき》誓願《せいがん》

信仰をさらに深めたい方へ

仏弟子としてさらに信仰を深めたい方は、仏《ぶっ》・法《ぽう》・僧《そう》の三宝《さんぽう》への帰依を誓う「三帰誓願式」を受けることができます。三帰誓願者には、『仏説・正心法語』『祈願文《きがんもん》①』『祈願文②』『エル・カンターレへの祈り』が授与されます。

幸福の科学 サービスセンター
TEL 03-5793-1727
（受付時間／火～金:10～20時　土・日祝:10～18時（月曜を除く））

幸福の科学 公式サイト
happy-science.jp

ハッピー・サイエンス・ユニバーシティ

Happy Science University

ハッピー・サイエンス・ユニバーシティとは

ハッピー・サイエンス・ユニバーシティ（HSU）は、大川隆法総裁が設立された「現代の松下村塾」であり、「日本発の本格私学」です。
建学の精神として「幸福の探究と新文明の創造」を掲げ、チャレンジ精神にあふれ、新時代を切り拓く人材の輩出を目指します。

人間幸福学部　経営成功学部　未来産業学部

HSU長生キャンパス TEL **0475-32-7770**
〒299-4325 千葉県長生郡長生村一松丙 4427-1

未来創造学部

HSU未来創造・東京キャンパス
TEL **03-3699-7707**
〒136-0076 東京都江東区南砂2-6-5 公式サイト **happy-science.university**

学校法人 幸福の科学学園

学校法人 幸福の科学学園は、幸福の科学の教育理念のもとにつくられた教育機関です。人間にとって最も大切な宗教教育の導入を通じて精神性を高めながら、ユートピア建設に貢献する人材輩出を目指しています。

幸福の科学学園

中学校・高等学校（那須本校）
2010年4月開校・栃木県那須郡（男女共学・全寮制）
TEL **0287-75-7777** 公式サイト **happy-science.ac.jp**

関西中学校・高等学校（関西校）
2013年4月開校・滋賀県大津市（男女共学・寮及び通学）
TEL **077-573-7774** 公式サイト **kansai.happy-science.ac.jp**

仏法真理塾「サクセスNo.1」

全国に本校・拠点・支部校を展開する、幸福の科学による信仰教育の機関です。小学生・中学生・高校生を対象に、信仰教育・徳育にウエイトを置きつつ、将来、社会人として活躍するための学力養成にも力を注いでいます。

TEL 03-5750-0751（東京本校）

エンゼルプランV

東京本校を中心に、全国に支部教室を展開しています。信仰に基づいて、幼児の心を豊かに育む情操教育を行っています。また、知育や創造活動を通して、子どもの個性を大切に伸ばし、天使に育てる幼児教室です。

TEL 03-5750-0757（東京本校）

不登校児支援スクール「ネバー・マインド」

TEL 03-5750-1741

心の面からのアプローチを重視して、不登校の子供たちを支援しています。

ユー・アー・エンゼル!（あなたは天使!）運動

障害児の不安や悩みに取り組み、ご両親を励まし、勇気づける、障害児支援のボランティア運動を展開しています。

一般社団法人 ユー・アー・エンゼル
TEL 03-6426-7797

NPO活動支援

学校からのいじめ追放を目指し、さまざまな社会提言をしています。また、各地でのシンポジウムや学校への啓発ポスター掲示等に取り組む一般財団法人「いじめから子供を守ろうネットワーク」を支援しています。

公式サイト mamoro.org　ブログ blog.mamoro.org
相談窓口 TEL.03-5544-8989

百歳まで生きる会

「百歳まで生きる会」は、生涯現役人生を掲げ、友達づくり、生きがいづくりをめざしている幸福の科学のシニア信者の集まりです。

シニア・プラン21

生涯反省で人生を再生・新生し、希望に満ちた生涯現役人生を生きる仏法真理道場です。定期的に開催される研修には、年齢を問わず、多くの方が参加しています。
全世界212カ所（国内197カ所、海外15カ所）で開校中。

【東京校】 TEL 03-6384-0778　FAX 03-6384-0779
メール senior-plan@kofuku-no-kagaku.or.jp

幸福実現党

幸福実現党 釈量子サイト **shaku-ryoko.net**
Twitter **釈量子@shakuryoko**で検索

内憂外患《ないゆうがいかん》の国難に立ち向かうべく、2009年5月に幸福実現党を立党しました。創立者である大川隆法党総裁の精神的指導のもと、宗教だけでは解決できない問題に取り組み、幸福を具体化するための力になっています。

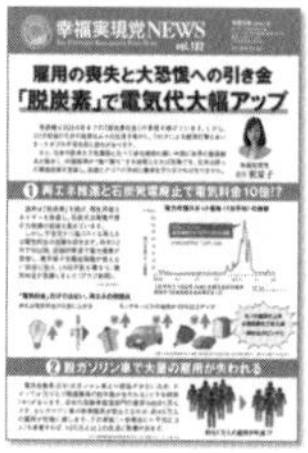

党の機関紙
「幸福実現党NEWS」

幸福実現党 党員募集中

あなたも幸福を実現する政治に参画しませんか。

- ○幸福実現党の理念と綱領、政策に賛同する18歳以上の方なら、どなたでも参加いただけます。
- ○党費：正党員（年額5千円［学生 年額2千円］）、特別党員（年額10万円以上）、家族党員（年額2千円）
- ○党員資格は党費を入金された日から1年間です。
- ○正党員、特別党員の皆様には機関紙「幸福実現党NEWS（党員版）」（不定期発行）が送付されます。

＊申込書は、下記、幸福実現党公式サイトでダウンロードできます。
住所：〒107-0052 東京都港区赤坂2-10-8 6階 幸福実現党本部
TEL **03-6441-0754** FAX **03-6441-0764**
公式サイト **hr-party.jp**

幸福の科学出版

大川隆法総裁の仏法真理の書を中心に、ビジネス、自己啓発、小説など、さまざまなジャンルの書籍・雑誌を出版しています。他にも、映画事業、文学・学術発展のための振興事業、テレビ・ラジオ番組の提供など、幸福の科学文化を広げる事業を行っています。

アー・ユー・ハッピー?
are-you-happy.com

ザ・リバティ
the-liberty.com

幸福の科学出版
TEL **03-5573-7700**
公式サイト **irhpress.co.jp**

THE FACT
ザ・ファクト
マスコミが報道しない「事実」を世界に伝えるネット・オピニオン番組

ザ・ファクト 検索

NEW STAR PRODUCTION

ニュースター・プロダクション

「新時代の美」を創造する芸能プロダクションです。多くの方々に良き感化を与えられるような魅力あふれるタレントを世に送り出すべく、日々、活動しています。 公式サイト **newstarpro.co.jp**

ARI Production

ARI《アリ》 Production《プロダクション》

タレント一人ひとりの個性や魅力を引き出し、「新時代を創造するエンターテインメント」をコンセプトに、世の中に精神的価値のある作品を提供していく芸能プロダクションです。 公式サイト **aripro.co.jp**